मेरे एहसास के अल्फ़ाज़

प्रीतम सैनी

Copyright © Pritam Saini
All Rights Reserved.

This book has been published with all efforts taken to make the material error-free after the consent of the author. However, the author and the publisher do not assume and hereby disclaim any liability to any party for any loss, damage, or disruption caused by errors or omissions, whether such errors or omissions result from negligence, accident, or any other cause.

While every effort has been made to avoid any mistake or omission, this publication is being sold on the condition and understanding that neither the author nor the publishers or printers would be liable in any manner to any person by reason of any mistake or omission in this publication or for any action taken or omitted to be taken or advice rendered or accepted on the basis of this work. For any defect in printing or binding the publishers will be liable only to replace the defective copy by another copy of this work then available.

क्रम-सूची

क्रम-सूची

क्रम-सूची

क्रम-सूची

क्रम-सूची

क्रम-सूची

Disclaimer:-

This Solo book is based on the beautiful feeling of loving with your heart. The author has beautifully described each emotions through his own words that the writing is free from plagiarism. Hence, if any plagiarism is detected in the book, neither the publishing house nor the compiler will be responsible.

Acknowledgement

Creating a single book is harder to find, more rewarding than I thought. This book makes every reader moment feel like reality. I choose words emotionally to prepare for the writeup. Each word recalls all the situations in the present, past and future. This book contains all the memories that happen to us, which we keep in our hearts. Remembering whom every moment becomes happy and emotional. We remember those past moments only by reading these feelings.

I hope this book will be liked by all and enjoyable for them.

लेखक परिचय

प्रीतम सैनी (Pritam Saini) जिला-अलवर(राजस्थान) के निवासी है।इन्होने स्नातक डिग्री(B.Sc.)राज ऋषि महाविधालय अलवर से उत्तीर्ण की। तथा अभी स्नातकोत्तर(M.Sc.)वनस्पति विज्ञान(BOTANY) सेअध्ययनरत है।ये संगीत प्रेमी भी है, इन्होने संगीत डिग्री " प्रयाग संगीत समिति इलाहाबाद " से पूर्ण की। सहलेखक(Co-Author) के रूप में तीन पुस्तकों में शब्दों को सम्मान दे चुके हैं। 1. चाँद के पार चलो, 2. परिवार-एक बंधन, 3.Game of Words..लेखक (Author) के रूप में ये इनका दूसरा प्रकाशन है। इससे पहले 1.Love-The Paradise में सम्मान प्राप्त किया है। इनका मानना है कि दिल के विचारों तथा मन के भावों को हमें व्यक्त करना है तो वो है "लेखन - शैली"। ये

तो कुदरत का वो करिश्मा है, जिसे पाकर संसार के हर-एक पहलू को महसूस किया जा सकता है। खुद को ईश्वर से जोड़ने का रास्ता संगीत और लेखन शैली है, जिनके द्वारा मानवता का पाठ भी सीखा जा सकता है। ये जिंदगी प्रेम, विश्वास, सम्मान तथा मुस्कुराहट ही तो है।।।

1. ज़िन्दगी

मानो तो एक रिश्ता
महसूस करो तो एक सफर है
ये हमेशा साथ रहने वाला हमसफ़र है
ये डोर है प्यार की अच्छे-बुरे हालात
की
एक-दूजे के विश्वास की
ये अटूट बंधन है ईश्वर से मिलन का
ये चाहत भरा एहसास है
अपने जज्बातों, अरमानों, भावनाओं और सपनों का
ये हँसी का राज़ है, प्यार भरी मुस्कुराहट का ताज है
ये अपने हौसलों की आवाज़ है
ये एक प्यार का तोहफा है
इस शब्द का नाम "ज़िन्दगी" है...।

अध्याय2

हर पल की खुशियाँ अपनी तो नहीं
दुःख साथ होकर, सभी सुख अपने तो नहीं।

आँखें मैं चार कर लू, पर उसकी तस्वीर अपनी तो नहीं
दिल को बहला लू अपने, पर वो साथ नहीं हो
ये सही तो नहीं।

मैं सोचता ही रहा और वो आए ना
दिल को ये मंज़ूर तो नहीं।

मैं मुस्कुराऊ और वो हँसे ना, ये खुशी तो नहीं।
मैं भिगा लू अपनी पलकें और उसे एहसास ना हो
ये आँखों में कोई ख़्वाब तो नहीं।

मैं याद भी करता रहू, और वो महसूस भी ना करे
ये प्यार तो नहीं...।

3. उड़ता एक पंछी आया मेरे देश को

आकाश की ऊचाईयों, नदियों की गहराइयों को नापते हुए
सूरज से आँख मिलाते हुए, चाँद से हाथ मिलाते हुए।

धरती को चाहते हुए, तारों को अपना बनाते हुए
उसे रहना है यहाँ, सुख संग दुःख भी सहना है उसे यहाँ।

अंदाज निराला है उसका, दिल विश्वास भी है उसका
उसकी बातों में अपनापन है कोई
उसकी आँखों में सपना है कोई।

मेरा देश उसे अपना लगता है
वो भी एक सच्चा सपना लगता है।

वो पास रहकर भी कितना दूर लगता है
उसका हर लफ्ज़ अपना सा लगता है।

अध्याय4

आँखों में ख़्वाब अपना है
दिल उसका ही परिंदा है।

नींदें मेरी होकर भी स्वप्न उसका है
साँसें मेरी होकर भी धड़कन उसकी है।

अपने लफ्ज़ों में कुछ कहना था उसको
अचानक से आँखें खुली, नींद टूटी
वो तो एक एहसास था
अधूरे अरमान की कहानी थी।

स्वप्न तो फिर से आ जाएगा
नींदें आकर वो ख़्वाब फिर से टूट जाएगा...।

5. एक अंतर

सूरज की आग में और बादलों की छाव में
वक़्त के बदलने का अंतर है।

चाँद की रोशनी में और तारों की चमक में
रात के आ जाने का अंतर है।

बारिश की बूँदों को बरसने में
और धरती को पानी बिना तरसने में
मौसम का ही अंतर है।

आँखों के आँसू आ जाने में बस एक बात का ही अंतर है
दिल के धड़कने में एक साँस का ही अंतर है।

ये ज़िंदगी एक सुहाना मौसम है
और ये मौसम एक पल है
ये पल फिर से ज़िंदगी है
और ज़िंदगी जीना ही जीवन है...।

अध्याय6

बारिश की ये बूँदें वो नहीं
जो भिगा के मेरे दिल को
इनको बरसना आता हैं।

तरसना को दिल वालों को आता है
वो यादें बिखर गई है, इन बूँदों की तरह
वो बातें रह गई है, इन बादलों की तरह।

कोई आवाज़ नहीं दिल से
आसमां की बिजली की तरह
एक अधूरा ख्वाब है
आकाश में चमकते
कुछ पल के इंद्रधनुष की तरह

उल्फत तो उस पल में है
जिसमें हर सांस जरुरी है
बारिश के मौसम में तो हर बात अधूरी है...।

अध्याय7

एक टूटा हुआ ख्वाब हूँ मैं
कोई अधूरा अरमान हूँ मैं
उन भीगी आँखों का आंसू हूँ मैं
कोरे कागज का छोटा शब्द हूँ मैं
चाहत भरे अल्फाजों का संगीत हूँ मैं
मेरी पलकों पे जो छाई है उदासी
उसी का राज़ हूँ मैं
मेरी ही हँसी का साज़ हूँ मैं
खुद की ही मायूसी का लफ्ज़ हूँ मैं
मेरे चेहरे पर जो है मुस्कुराहट
उसी का अन्जाना सफ़र हूँ मैं...।

अध्याय8

.इन नाजुक फूलों सा है तेरा-मेरा इश्क
पानी सा प्यार है, पत्तों सा मन है
रंगीन, सदाबहार सा
महकने वाला, दिल को प्रसन्न करने वाला
इन पलकों सा तेरा सहारा है
इन जड़ों सा हमारा प्रेम है
जिसका विस्तार है, तेरे दिल से
मेरे दिल तक
इन फूलों सी प्यार भरी खुशबू है
तेरे मन से मेरे मन तक...।

अध्याय9

बारिश की ये बूँदे कुछ कहना चाहती है
पर कह नहीं पाती है।

बस यूंही बरस के चली जाती है
इन बूँदों को अपनी हथेली पर लिए
सब कुछ सुनना चाहता है ये दिल
ना जाने क्यों।

ये रुकती नहीं इस नाज़ुक हथेली पर
बिना कुछ कहे ही चुप रहना चाहती हैं
ये हमेशा बरस के ही
खुश रहना चाहती हैं।

इन बूँदों में क्यों इतनी मायूसी हैं
मेरे मन में एक उदासी छाई है
ये बारिशें रुकती नहीं, बूँदें भी लगातार बरसती नहीं।

इनके शांत भाव को देख
मेरी नज़रे भी इन बूँदों से हटती नहीं।

अध्याय10

तुमसे मोहब्बत का इज़हार कर देना
तुम्हे अपना बना लेना
तेरे दिल में रहकर दिल के संगीत को सुन लेना
इतना मुश्किल भी नहीं।

हम बस कहते नहीं है
वरना कहना मुश्किल भी नहीं
तुम्हारे दिल के दर्द को समझ लेना
तुम्हारे दिल में कैद प्यार को समझ लेना
तुम्हारे मन के विचारों को समझ लेना
इतना मुश्किल भी नहीं

तुम्हारे बस हाँ इंतज़ार है
फिर तो तुम्हे अपना बना लेना
इतना मुश्किल भी नहीं।

Shayari(शायरी)

अध्याय 11

तेरे संग वो पल हो
जिया जैसे हर पल हो
तुम पास में बैठी रहो
मुझसे बस कहती रहो
हम रहेंगे सदा साथ
जैसे की ये वक्त भी अपना हो...।

अध्याय 12

तेरे जीने की वज़ह बन जाऊं मैं
तेरे सपनों की हकीकत बन जाऊं मैं
तेरे अरमानों का सहारा बन जाऊं मैं
तेरे दिल की जरूरत बन जाऊं मैं
जी चाहता है तेरी सांसों में समा जाऊं मैं
रब करे तेरा बन जाऊं मैं।

अध्याय13

तुम मेरे पास नहीं इतना
चन्द्रमा - पृथ्वी से दूर है जितना
दिल में, तेरा प्यार लिया हूं
हर पल तुझे ही याद किया हूं।

अध्याय14

मेरे दिल की धड़कन हो तुम
सांसों की सरगम हो तुम
अल्फाजों का हर लब्ज़ हो तुम
हर खुशी का राज़ हो तुम
मेरी चाहत का ताज़ हो तुम
मेरी हर मुश्किल का हल हो तुम
मेरे दिल में हर पल हो तुम
ख़ुदा से जो मांगू वो मन्नत हो तुम
तुम्हे कैसे बताऊं
मेरे लिए सब कुछ हो तुम।

15. प्यार

दो दिलों के बीच की वह डोर जो
विश्वास से जुड़ी हुई हो
सपनों से बुनी हुई हो
चाहत से भरी हुई हो।

अध्याय 16

वो दिन भी कितना प्यारा होगा ना
जब तुम मेरे सामने बैठे होगे
और मैं तुम्हे मुस्कुराता देख
जीना सीख जाऊंगा।

अध्याय 17

इन नाजुक फूलों सा है तेरा-मेरा इश्क
पानी सा प्यार है, पत्तों सा मन है
रंगीन, सदाबहार सा
महकने वाला, दिल को प्रसन्न करने वाला
इन पलकों सा तेरा सहारा है
इन जड़ों सा हमारा प्रेम है
जिसका विस्तार है, तेरे दिल से
मेरे दिल तक
इन फूलों सी प्यार भरी खुश्बू है
तेरे मन से मेरे मन तक...।

अध्याय18

सपनों से बंधी डोर हो तुम
अपनों से जुड़ी ज़ंजीर हो तुम
ख़्वाबों की हकीक़त हो तुम
जीने की वजह हो तुम
जीने का सार हो तुम
दिल की आवाज हो तुम।

अध्याय19

तू सामने खड़ा हो जैसे
मानो मुस्कुरा रहा हो
जैसे किसी का इंतजार कर रहा हो
चाँद की चमक, मानो तुम्हारे चेहरे का नूर
चाँद की हँसी, तुम्हारे चेहरे की खुशी
इस चाँद को पाने की चाहत है
तेरे संग रहना है बस इतनी सी इबादत है।

अध्याय20

कहनी है आप से दिल की बातें
आप बस यूंही मुस्कुराते रहो
इंतजार है हमें उस वक्त का
जब आप हमारी बात सुनने को
बेकरार रहो।

अध्याय21

वक्त तू यही ठहर जा
रूबरू हमको उनसे होने दे
लगा के गले से उनको
इस दिल को बहलाने दे।

अध्याय22

तेरे चेहरे की मासूमियत के हम
इस कदर हुए दीवाने
अब तो किसी और के चेहरे की
मासूमियत भी नजर नहीं आती

अध्याय23

तुम आओ तो एक बार सपनों में
उस सपनें को मैं हकीकत में बदल दू
छुपाके तुम्हे इस दिल में
तुम्हे अपना बना लू।

अध्याय24

तेरे बिना ज़िन्दगी गुजार तो लेंगे
लेकिन ज़िन्दगी जी नहीं पाएंगे
तुम आ जाओ, हम फिर से
हँसना सीख लेंगे।

अध्याय 25

नजदीकियों के बीच में
ये दूरियां आ जाती हैं
वरना, नजदीकियों से जो
चाहत का निर्माण होता है
उसे ही तो प्यार कहते है।

26. तेरा इंतजार

बेकरार हूं मिलने को, बेजुबां हूं कहने को
बेसहारा हूं रहने को, इस दिल को तेरी तलाश है
दर-ब-दर तुम्हे खोजता हूं
आके यही सोचता हूं, तुम इतने भी दूर क्यों गए
दिल में बस यही विश्वास है, तुम हो ख़ास
तभी तो तेरी तलाश है
अब रहा नहीं जाता तेरे बिन
ये दुःख सहा नहीं जाता तेरे बिन
मेरे इस दिल को कैसे समझाऊ
इसे अब तेरी ही आदत सी हो गई है।

अध्याय27

आंखों को ही याद हैं, हर पल कैसे नाराज़ है
आंखों ने भिगोया है खुद को, किसी के इंतजार में
हर पल जैसे किसी की याद में
दिल में कैद एक तस्वीर थी
तुम आओगे एक दिन, यही तुम से एक आस थी
झलकते आँसूओं में एक याद होती है
वैसे ही तुम मेरे साथ होती है
उन लम्हों में रहते हो तुम, मुझसे सब कुछ कहते हो तुम
उस मुलाक़ात को याद करके, जीना सिखा देते हो तुम।

अध्याय28

मेरी हर बात का अल्फाज़ हो तुम
मेरी मुस्कुराहट की वजह हो तुम
मेरे चेहरे का नूर हो तुम
मेरी सांसों की सरगम हो तुम
मेरा प्यार भरा लम्हा हो तुम
मेरी हँसी का राज़ हो तुम
मेरे दिल में हमेशा
चमकने वाला ताज़ हो तुम।

अध्याय29

लगता है अब हम
तुमसे ना मिल पाएंगे
तुमको देखे बिना ही
इस दुनिया से चले जाएंगे
आँसू होंगे ग़म के
मायूसी होगी दिल के अंदर
किसी के इंतज़ार की
शांत मुस्कुराहट होगी चेहरे पर
बस आँखें कहती रहेंगी
कभी मिले तो थे।

अध्याय30

तेरे संग वो पल हो
जिया जैसे हर पल हो
तुम पास में बैठी रहो
मुझसे बस कहती रहो
हम रहेंगे सदा साथ
जैसे की ये वक्त भी अपना हो...।

31. हर कहानी के पीछे

एक कहानी होती है
उस कहानी का सार होता है
उसका सारांश होता है
एक बेजुबां दर्द होता है
छुपी हुई मजबूरियाँ होती है
कुछ दूरियाँ होती है
इस कहानी को महसूस कर लेने का
सहारा भी होता है
क्यूँ एक ही पल में कहानी समाप्त हो जाती है
क्यूँ कहानी बनकर भी अधूरी रह जाती है
लगता है शायद हर कहानी के पीछे
गहरा दर्द छुपा होता है...।

अध्याय32

कैसे भुला दे उन लम्हों को
जिसमें हर बात अधूरी हैं
पूरी होने की ख्वाहिशें तो है
पर अल्फाज़ बहुत लम्बे हैं...।

अध्याय33

वो तारा कब टूटें
जिसे मैं मांग लू रब से
थक गई हैं आँखें मेरी
उस आसमान को देखते-देखते।

अध्याय34

तुझे देख कर एक कहानी याद आई है
तुझ संग दिल लगाने की बहार आई है
प्यार के रंग में उड़ता दिल मेरा
तेरे रंग में घुल जाने की हवा आई है
तेरी साँसों को सुनकर
तेरी धड़कन बन जाने की
एक साँस आई है
फिर से तेरे प्यार में भीग जाने को
प्यार की बौछार आई है।

अध्याय35

जब हम तुमसे मिलने आते थे
तुम दिल्लगी से मुस्कुराते थे।

जब हम तुमको प्यार भरी नज़रों से देखते थे
तुम शरमाके दूर चले जाते थे।

जब हम मुस्कुराते थे
तुम भी दिल अपना बहलाते थे।

जब हम बातें यूँ किया करते थे
तुम भी राज़ अपने बयां करते थे।

जब हम चुप हो जाते थे
तुम भी तो हमें देख
कुछ यूँ मुस्कुराकर
हमें भी हँसा दिया करते थे।

जब हम तुमसे मिलने आते थे
तुम भी दिल्लगी से मुस्कुराते थे।

अध्याय36

मेरे दिल ने पूछा पता तेरा
तेरे दिल ने इशारों में बता दिया
तू जानकर भी पास ना आया
तेरा दिल बेकदर, बेवज़ह, बेकरार था
मेरे दिल का रास्ता साफ है
मेरे प्यार का वास्ता तेरे साथ है
तू बदल जा चाहे कितना भी
मेरे दिल को आज ही तेरा इंतज़ार है।

अध्याय37

आज मैने तुमको फिर उसी खिड़की पर तुमको देखा
तुम्हारी आँखें शायद किसी को तलाश रही थी
तुम मुस्कुरा नहीं रहे थे, खामोश थे
तुम किसी का इंतज़ार कर रहे थे
या, फिर दिल को बेवज़ह बेकरार कर रहे थे
मैने समझ ली थी तुम्हारी मायूसी
मैने बोलना चाहा, पर तुम्हारी नज़रे
मेरी तरफ देख नहीं रही थी।

अध्याय38

कितना विशालकाय
तेरी यादों का समंदर है
किनारा भी है, पर
इसमें डूब जाने का नज़ारा भी है
तेरे ना होने का अकेलापन भी है
तेरी अच्छाइयों में गुम हो जाने का
इरादा भी है, ना होकर भी
तेरे साथ होने का सहारा भी है...।

अध्याय39

हमें पास आने को कहते हो
दिल का हाल जानने को कहते हो
प्यार का इज़हार करने को कहते हो
कभी ना भूलने वाली बात कहते हो
फिर एक पल में दूर जाने को कहते हो
माना की पास आना नसीब में नहीं
पर दूर जाना भी हमसे होगा नहीं...।

अध्याय40

तेरे बिन हर पल
ऐसे गुजर जाता है
अगला पल आएगा
पर वो मेरा नहीं होगा
वो लम्हा मेरा नहीं
जिसमें तुम नहीं
वो वक्त मेरा नहीं
जिसमें तुम मेरे साथ नहीं
मेरा हर पल तेरे साथ है
तेरे ही नाम है।

अध्याय41

तेरी यादों के सायें में बीत जाता है दिन मेरा।
तेरी बातों ही बातों में निखर जाता है दिन मेरा।

तेरी हँसी सी वादियों में कहीं खो जाता है मन मेरा।
तेरे ख़्वाबों की रोशनी में तेरा इंतज़ार करता है अल्फाज़
मेरा।

तेरी आहत को सुनता है, दर्द मेरा
तेरी चाहत को देखता है, ख़्वाब मेरा।

तू कहीं चला जाता है तो खुद को लापता पाता है दिल मेरा।

तेरे पैरों की ध्वनि को सुनकर
तेरी ही तलाश में निकल जाता है, सारा दिन मेरा।

अध्याय42

मानो कुछ ख़्वाब अधूरे हैं
मानो कुछ अल्फाज़ अधूरे हैं।

मानो ये अरमां अधूरे हैं
मानो ये जज़्बात अधूरे हैं।

मानो ये साँसें अधूरी हैं
मानो ये राहें अधूरी हैं।

मानो ये आकाश अधूरा है
मानो ये बादल अधूरे हैं।

मानो ये रात अधूरी है
मानो ये स्वप्न अधूरा है।

अब नींद अधूरी है
दिल बिना धड़कन भी अधूरी है।

हर वो यादों की कहानी अधूरी हैं
हम चाहकर भी तो अधूरे है।

अध्याय43

मैंने खुद को भुला दिया खुद की तलाश में
मैंने तुझको पा लिया अपने ही ख़्वाब में
वो मुकम्मल लगा मुझे साथ तेरा
वो अकेलापन दूर हुआ मेरा
मैंने दिल को बेकरार किया
आँखें खुली मेरी, स्वप्न टूटा मेरा
फिर से खुद को अकेला पाया मैंने
फिर से खुद को भुला दिया
खुद की ही तलाश में।

अध्याय44

चाँद को देखकर तू ही नज़र आता है
उसकी रोशनी में तेरा प्यार नज़र आता है।

तू ना होकर भी तेरा ही ख़्याल आता है।
अब तुझे चाहकर तेरा ही नाम आता है।

तू सामने नहीं फिर भी खिड़की पर
चाँद के साथ तू ही नज़र आता है।

ये शायद मेरी आदत है
जो तुझे भुला नहीं पाती है।

जो बस चाँद को तेरी तस्वीर दे जाती है।

अध्याय45

काश वो वक़्त वही ठहर जाता
काश वो लफ़्ज़ वही रुक जाता
तूने तो चाहा था मुझसे बात करना
काश उन बातों ही बातों में प्यार हो जाता
फिर इज़हार भी हो जाता और इकरार भी
मेरा ये दिल तेरा हो जाता और अपना साथ
एक ख़्वाब बन जाता, तुमसे प्यार भी हो जाता
मेरा दिल तेरा और तेरा दिल मेरा हो जाता।

अध्याय46

मुझे स्वप्न भरी नींद आई है
नींद में बेचैनी सी छाई है

मेरे दिल को तो बस तेरी याद आई है
तभी तो नींद पूरी नहीं आई है

तुम इन सपनों में ही आ जाते
मेरी बेचैनी भरी नींदो में समा जाते

तुम फिर मेरे दिल को भी भा जाते
और इन बादलों की तरह मुझ पर बरस जाते

तुम एक ख़्वाब बनकर मेरे हमसफ़र बन जाते...।

अध्याय47

सोचा आज लिखूँ तुझे
लिखता रहूँ और देखूँ तुझे
हँसता रहूँ और हँसाता रहूँ तुझे
कुछ कहता रहूँ, कुछ सुनता रहूँ
बस बहता रहूँ तेरी मीठी बातों में
तुझसे बात करू, तुझे ही याद करूँ
तू सामने हो मेरे, यही रब से फ़रियाद करूँ
तू खुश रहे, मुस्कुराती रहे
यही गुजारिश करूँ, यही ख्वाहिश भरूँ...।

अध्याय48

कोई तो चाहत है तेरे संग
जो मेरे दिल को बहकाती है।

कोई तो बात है तुझमें
जो मेरे दिल को राहत दे जाती है।

वो यादें हैं तुझमें, जो वक़्त को रोक देती है।

कोई तो सपना है तुझमें
जिससे नींद आ जाती है।

तू अपना एक ख़्वाब है, एक सपना है
तू ही एक साँस है, तू ही तो हकीकत है...।

अध्याय49

तुझे भुलाकर भी भुला ना पाया मैं।

खुद को चाहकर भी रुला ना पाया मैं
अकेलेपन में भी तुझे ही याद करता रहा मैं।

तेरी यादों संग दिल को बहलाता रहा मैं।

बस तेरी ही फ़रियाद करता रहा मैं
तुझे अपना बनाने वाला ख़्वाब जगाता रहा मैं...।

50. तेरे संग

एक सफ़र में चलना है तेरे संग
एक हमसफ़र बनना है तेरे संग।

एक दिल को बनाना है तेरे संग
एक साँस को चलाना है तेरे संग।

एक चाहत रखना है तेरे संग
एक ख़्वाब को बुनना है तेरे संग।

मुझे अब प्यार करना है तेरे संग...।

अध्याय51

पहला प्यार पहली बार में हो जाता है,
आँखों ही आँखों में इज़हार हो जाता है।

अनकही बातों का सिलसिला शुरू हो जाता है
दो मुसाफिरों का एक ही सफ़र हो जाता है।

ख्वाबों में प्रेम की बहार आ जाती है
दो दिलों में एक जान आ जाती है।

एक साथ रहने को दिल करता है
बार-बार मिलने को दिल करता है।

अब दूर जाने से दिल डरता है
दिल धड़कने पर बेशुमार प्यार दे जाता है।

बिछड़ने पर यह प्यार असहनीय दर्द दे जाता है
अकेला नहीं रह पाने की छाप छोड़ जाता है।

दिल धड़कता नहीं अकेले में
इसमें अकेली साँस जो रह जाती है।

यह धड़कता है साथ में,
जब दो दिलों के तार एक साथ जुड़ जाते हैं।

यादों के सहारे वो प्यार मिल जाता है
उमंग की पंखों संग आकाश एक हो जाता है।

धीरे-धीरे यह प्यार कभी ना टूटने वाला विश्वास बन जाता
है
इस विश्वास में ही प्यार की शुरुआत हो जाती है
यह प्यार एक साथ रहने वाली आदत बन जाती है।

अध्याय52

घर में एक कमरा बना लेना है
तेरा नाम देकर उसे
तन्हा रख लेना है...।

अध्याय53

एक सवेरा तेरे प्यार का
एक रात तेरे इंतज़ार की
एक धड़कन तेरे दिल की
एक सांस तेरी, मेरे जीने की...।

अध्याय54

मेरा प्यार अब मुकम्मल हो जाए
मेरे दिल को तेरी दुआ लग जाए।

अध्याय55

मेरी धड़कन को तेरे दिल में, पनाह मिल जाए।
मेरी हर सांस तेरे लिए जरूरी हो जाए।

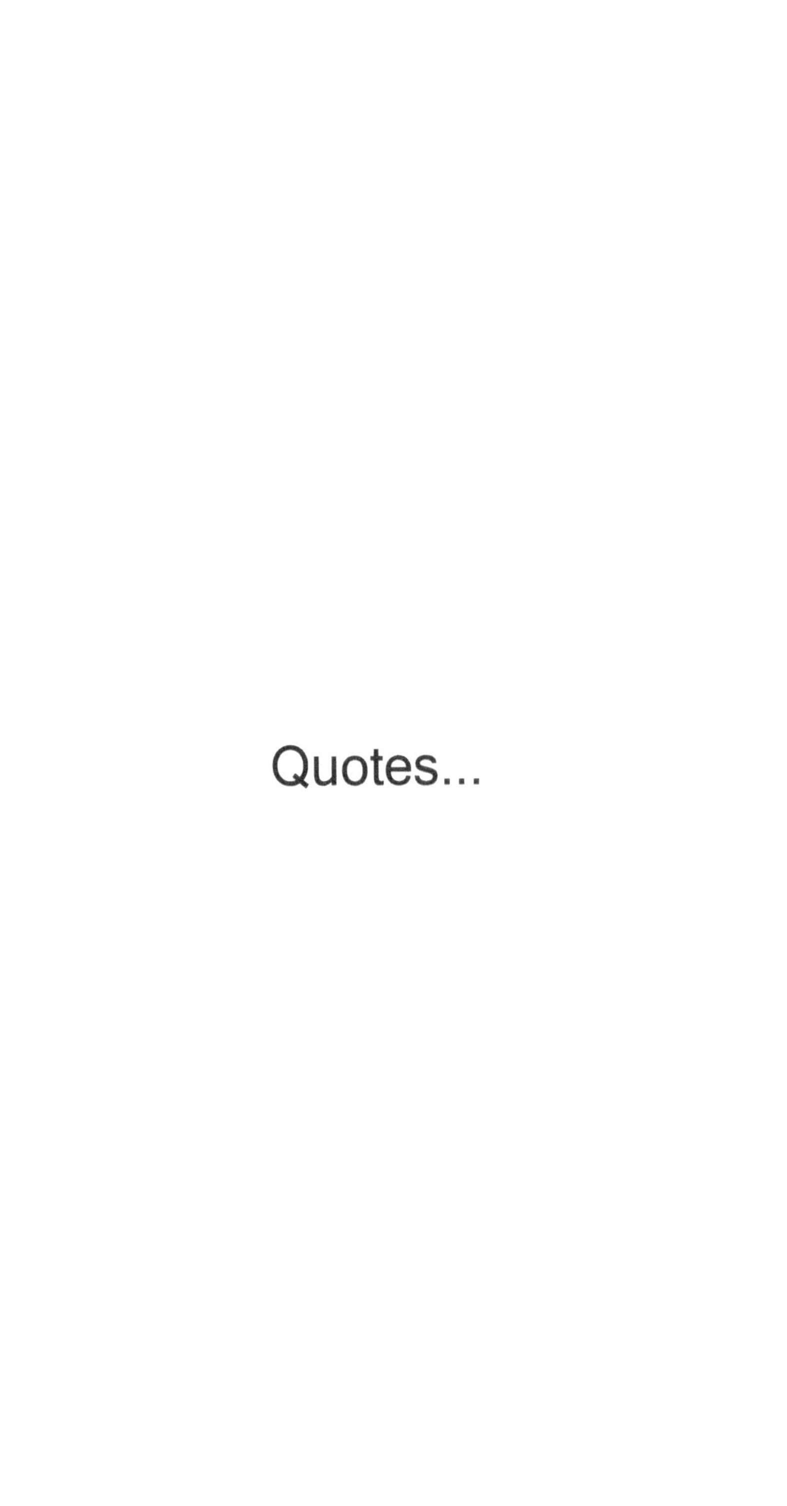
Quotes...

56. एहसास

हमें तो आता नहीं मुस्कुराना
हमें तो आता हैं हर ग़म को छुपाना
हम कोई चाहत नहीं
एक अधूरा सा दुःख भरा लफ्ज़ है
जिसे याद कर लेने से हँसी का किनारा
भी पास आ जाता है
एक ख्वाहिश बन कर रह जाता है
हर अल्फाज़ अपना, जो बोला भी नहीं जाता
ये जताया भी नहीं जाता...।

अध्याय57

हर वो तलाश अधूरी होती है
जिसमें इंतज़ार कभी खत्म नहीं होता
विश्वास होता है उस सफर को पाने का
जिसमें ख्वाहिशें हद से ज्यादा होती है...।

अध्याय58

एक उजाले कि तलाश है
चाहत भरे जज़्बातों को
एक चाह का इंतजार है
रोशनदान सा मन है
एक आशियाने की दरकार है
विश्वास भरे मन को
एक सुकून सी राह है।

अध्याय59

इन टूटते तारों को गिनना आता नहीं मुझे
चाँद जो है फलक पे
उसे देखे बिना रहा नहीं जाता मुझे
बादल भी गरज रहे हैं मिलने को तरस रहे हैं
सूरज से आँखें मिलाऊ या
खुद से आँखें चुराऊ मैं
पृथ्वी पर प्रकाश फैला है जल रहे हैं
दीपक मन के
डर इन के बुझने का होता हैं
किसी से दूर जाने का होता है
मन से एक आवाज आती है
अभी तो सफ़र की शुरुआत है।

अध्याय 60

इस दुनिया में सबसे सच्चा और अच्छा रिश्ता
दोस्ती का भी होता है, क्योंकि
इस रिश्ते का निर्माण हम स्वयं करते है
जिसमें ख़ुद का विश्वास और प्रेम होता है
यह ईश्वर का सबसे प्यारा आशिर्वाद है।

अध्याय 61

तेरा मेरा रिश्ता हैं ऐसे
दूध और पानी साथ हो जैसे
दिल कहता है ये मेरा
धरती से आसमान तक
हो अपना आशियाना, जहां प्यार बेशुमार हो
दिल एक-दूसरे से मिलने को बेकरार हो
मेरी धड़कन के तार बजते रहें
तुम्हारे संगीत को सुनते रहे
तुम्हारी मोहब्बत को ही याद करते रहे
तुम्हारे दिल से एक ही आवाज आए
मिलना बहुत जरूरी है।

अध्याय62

कभी ना छूटे साथ अपना
दोनों के हाथ में हाथ हो अपना
तुम साथ हो तो मुश्किल वक़्त भी
आसान सा लगता है
तुम्हारे बिना तो ये सारी दुनिया भी
बेजान सी लगती है
तुम्हारे होने पर तो ये
ज़िन्दगी भी आबाद सी लगती है
हाथ पकड़कर चलना मेरे एक परछाई बनकर
हम अपने प्यार को जीत लेंगे हमराही बनकर।

अध्याय 63

दिल के तार अभी सहमे हुए है
तुम्हारे प्यार के संगीत से ये भी झूम उठेंगे
संगीत में प्यार हो
संगीतकार मेरा यार हो
तेरा मेरा दीदार हो, फिर
तुम पर ये दिल जान-ऐ-निशार हो।

अध्याय64

खुशियों के समन्दर से निकली ये नदियां
मुझे ऐसे छूकर निकलती हैं,जैसे कि
समन्दर खुशियों का खज़ाना हो और तुम
उस खज़ाने की सबसे बड़ी खुशी।

65. देख लेना

याद आएंगे हम तुम्हें इतना
तुम खुद को भी भूल जाओगे
मेरी यादों को याद करके
उन यादों में खो जाओगे
इश्क भी होगा तुमको हमसे
तुम्हारी बातों में ज़िक्र होगा मेरा
तुम्हारी हर सांस में नाम होगा मेरा
मेरी कमी महसूस होगी तुम्हें
उस वक़्त होंगे आँसू तुम्हारी आँखों में
तुम बस याद करना मुझे
मैं तुम्हारे पास चला आऊंगा।

66. यह दिल

खुशियों की फिर से आहट हुई है
तेरे संग फिर से चाहत हुई है
तलाश थी इस दिल को एक आशियाने की
चाहिये था इसे रहने को बसेरा
कहनी थी इसे वो बातें
बोलने थे इसे वो स्वर
सुनना था इसे वो संगीत
गुनगुनानी थी इसे वो धुन
तेरे संग जीने की वज़ह मिल गई है
तेरे दिल में फिर से जगह मिल गई है।

अध्याय67

कितना बेज़ुबां है मेरा दिल
चुप रहकर भी बोलना चाहता है
पर ना जाने क्यों
बोल नहीं पाता है
तुझे हर पल देखना चाहता है
पर किस्मत तो देखो
देख नहीं पाता है
आज भी बेसहारा है मेरा दिल
धड़कता है पर धड़कन नहीं है।

अध्याय68

जब मिले थे हम, हुई थी आहट तेरी
इस दिल में
पहले ये धड़क रहा था बिना धड़कन के
तुम आए, इस दिल को ख्याल आया
सुकून मिल जाता है इसे तेरे दीदार से
तेरे ही प्यार से...।

अध्याय69

दिल मेरा बेकरार है
बस तुमसे ही इकरार है
अब तो आ जाओ
तेरा ही इंतजार है
हम पहुंच जाएंगे तेरे दिल तक
पहले इज़हार हो जाए
तुम्हें बना लेंगे अपना
पहले प्यार तो हो जाए।

अध्याय70

तेरे इश्क की जो ख्वाहिश बाकी है
तेरे चेहरे की जो हँसी बाकी है
तेरे दिल की जो आवाज़ बाकी है
पास तुम्हें आना नहीं
दूर तुम्हें जाना नहीं
दिल तुम्हें लगाना नहीं
प्यार तुम्हें जताना नहीं
अधूरी कहानी सी बनकर रह जाएगी
यह तस्वीर जो तुम्हारी है
तुम मेरे हो पाओगे नहीं
ये मैंने मान लिया है...।

अध्याय 71

तुम से ही आशिक़ी है
तुम से ही सादगी है
तुम से ही सच्चाई है
तुम से ही अच्छाई है
तुम से ही दिल को बहलाने वाला
प्यार है, तुम से ही मौशकी है
तुम दूर रहकर भी दिल में हो
तन्हा करने वाले
हर पल में हो...।

अध्याय72

एक लम्बे अरसे बाद
तेरी गलियों से गुजरा
वो बीता कल फिर याद आया
कितनी चाहत थी तुमको
उन पलों में
कितनी राहत थी उस आलम में
तेरे अनदेखे कदमों को देख
तेरे होने की अघोष में
तेरे बोलने की ख्वाहिश में
पर जब निहारा वर्तमान को
पता चला वो वक्त बीत गया
तू कहीं और चला गया...।

अध्याय73

कितना इंतजार किया मैंने तुम्हारा
बस तुमसे बात करने को
मानो सदियां गुजर गई हो
तुम्हें अपना बनाने को
आज जो तुमने की बात
दिल को मिली धड़कन जीने को
सांस मिली तेरे संग रहने को...।

अध्याय74

आँखों से फिर एक आंसू टूटा है
कोई ख्वाब था जो अब छूटा है
पलकों ने भिगोया हैं खुद को
चाँद आया है आसमां में
पर नज़र में नहीं...।

अध्याय75

अब हम भी यूहीं बदलने से लगे
अपनों को देख खामोश जो रहने लगे
इस ज़िन्दगी में एहसास नहीं हैं
ख्वाबों के सिवा कोई
अब तो चाँद भी हमें फलक पे
अधूरा सा लगने लगा है...।

अध्याय76

आँखों की गुस्ताखियाँ माफ़ हो
तुम्हारा दिल मेरे लिए साफ हो
धड़कन हो, साँसें हो,
प्यार भरा आलम हो
चाहत भरी मुलाक़ात हो
तुम मेरे सामने हो
एक हँसी का बहाना बन जाओ
मेरी मुस्कुराहट का सहारा बन जाओ
हमारे दिल से एक ही आवाज़ आए
मिलना बहुत जरूरी है...।

अध्याय77

साँसें होती तो क्या होता
दिल मे धड़कन होती।

चाहत होती तो क्या होता
तेरी ही इबादत होती।

दिल होता तो क्या होता
बस तेरी ही आहट होती।

तेरे पास होने का सहारा होता तो क्या होता
तेरे संग प्यार का इज़हार होता।

जब तू दूर होगा तो क्या होगा
आँखें मेरी, साँसें मेरी
पर पलकें नम तुम्हारी होंगी...।

अध्याय78

क्या वक़्त बदला है
या साथ का हर एक पल बदला है
हमें तो लगता है, तू भी बदला है
और तेरे दिल का रंग भी बदला है...।

अध्याय79

अक्सर दिल में कोई तन्हाई रहती है
मंजिलों का कारवा नहीं
पर हर सांस अधूरी रहती है
दिल को करार आता है, क्यों बार-बार आता है
इस बेकरार धड़कन को भी
एक अधूरा ख्वाब दे जाता है...।

अध्याय 80

वो तो कुछ दिन की बातें थी
बेमौसम की बरसातें थी
चाहतों का सवेरा था
दूर जाने से हुई
वो ही काली रातें थी
उजाला तो तुम्हारा था
अब तो ना उजाला
ना ही अंधेरा
केवल अकेला दिन और अकेली रात है
अब कहा वो बातें है
ना ही बरसातें हैं
मैं भी अब यहाँ नहीं
तू भी तो मेरे साथ नहीं...।

अध्याय 81

थी कितनी मजबूरियाँ
जो रह गई इतनी दूरियाँ
फांसला बढ़ता गया
हौसला टूटता गया
हर ख्वाब छूट सा गया
अनचाहा राज़ रह गया नम आँखों में
अब इनको आदत हो गई आंसुओं की
मुस्कुराहट तो रहती है इस चेहरे पर
मगर बहाना इस हँसी का
बहुत दूर चला गया
तलाश खोई नहीं मैंने
आज भी उसी चाहत का आलम है
आज भी उसी लम्हें का इंतज़ार है...।

अध्याय82

माना मेरा भी आसमां है
पर इसके सारे तारें टूटे हैं
ये बिखरे नहीं ज़मीन पर
ये तो गुम हैं अपनी ही अघोष में
लगता है ये चुप हैं
इनको चमकना नहीं आता
इन्हें तो मौन रहना आता हैं
ये चाहते नहीं महकना
क्योंकि इनके आसमां में अभी
बादल नहीं, इन बादलों को भी
इन तारों संग आदत नहीं...।

अध्याय83

मैं हिस्सा नहीं तुम्हारे अल्फाजों का
मैं तो एक किस्सा हूँ अधूरी कहानी का
मेरी पलकों को रास आते नहीं ये आँसु
पर इनको आदत हैं आँखों से बह जाने की
मेरे दिल को इबादत नहीं किसी की
फिर भी तुम्हारे लफ्जों को
ये आदत बना लेते हैं अपनी...।

84. Mute Love

अब तेरा कोई अफ़सोस नहीं होगा

दुआओं में तेरा कभी जिक्र नहीं होगा

तूने समझा नहीं मुझे एक प्यारा सा तोहफा

अगर मैं इतना प्यार कर लेता किसी पत्थर को

वो भी मेरा हो जाता

तुमने तो मुझे जाना भी नहीं, कभी पहचाना ही नहीं

अब चाहे तू लाख मनाले मुझे

मेरा दिल तेरा नहीं हो पाएगा

मैं रह जाऊंगा अकेला तेरी ही तन्हाई में

पर अब ये दिल किसी और का भी हो नहीं पाएगा...।

अध्याय85

खिल जाए अगर कभी ये चेहरा
तो समझो मुस्कुराहट की वजह मैं हूँ
यदि रो पड़े ये चेहरा
तो समझना ग़म का बहाना मैं हूँ
आँखों को रास आते नहीं ये आँसू
मेरी इन पलकों को भाते नहीं ये आँसू
एक हँसी का बहाना लेकर
अकेले ही निकल पड़ते हैं ये आँसू...।

अध्याय86

किसी के मुस्कुराने की वजह बन जाओ
तुम बस मेरे दिल की दुआ बन जाओ
क्या होता है प्यार करना
बस इतना बता जाओ
जो सहमे है फूल दिल के
उनको जरा सा महकना सिखा जाओ
सांसों की सरगम में अपना सार छोड़ जाओ
मेरे दिल की धड़कन को अपना नाम दे जाओ...।

अध्याय87

चाँद मेरा ऐसे रूठा
जैसे किसी का साथ छूटा
अकेले तन्हा होने पर
तेरा साथ ना होने पर
दिल में जो तन्हाईयां है
तेरे प्यार की जी गहराइयां है
अब तुम्हें कैसे बताऊं
कैसे तुम से प्यार जताऊं...।

अध्याय 88

तेरे इश्क़ की जो ख़्वाहिश बाकी है
तेरे चेहरे की जो हँसी बाकी है
तेरे दिल की जो आवाज़ बाकी है
पास तुम्हें आना नहीं
दूर तुम्हें जाना नहीं
दिल तुम्हें लगाना नहीं
प्यार तुम्हें जताना नहीं
अधूरी कहानी सी बनकर रह जाएगी
यह तस्वीर जो तुम्हारी है
तुम मेरे हो पाओगे नहीं
ये मैंने मान लिया है...।

अध्याय89

ज़िन्दगी तुझमें कशिश तो है
प्यार भरे लम्हें को पाने की कोशिश तो है
ख़ुद को बेहतर बनाने की चाहत तो है
एक पन्ना कोरा रखना चाहता हूं
कुछ लिखना है इस पर
वो लम्हा जो आखिरी था
छुपा लेना चाहता हूं उस सुकून भरे आलम को
इस बेकरार दिल में।

अध्याय90

टूटा सा ख्वाब है, अधूरी हैं ख्वाहिशें
अब दिल से कुछ नहीं फ़रमाहिशें
बिखरें हैं सारे अरमां अभी ख़ुद से कुछ कहना है
सांसें जो चल रही हैं मध्यम-मध्यम
उनको रोक लेना हैं
मन में एक ख़्याल आता है जो आज भी याद आता है
फलक से चाँद उतर रहा है
दिल के एक कोने में जरा सी आहट हुई है
संगीत के सुनने की फिर से चाहत हुई है
रुका हूं मैं उस मोड़ पर
जहां ज़िन्दा एक ख्वाब शुरू होता है
मोड़ के आशियाने को देख
अधूरी ख्वाहिशें भी पूरी हो जाती हैं।

अध्याय91

कितना बेबस है मेरा ये दिल
प्यार तुमसे बहुत करता है
पर इज़हार करने से डरता है
तुम्हे कैसे बताऊं,
मेरे इस दिल को तेरी आदत है
बस तेरी ही इबादत है
मुझे बस तेरी ही चाहत है
कैसे इज़हार करू अपने प्यार का
लगता है दिल में ही कैद रह जाएगा प्यार मेरा
हर पल हर लम्हा तुम्हे ही चाहता रहेगा।

अध्याय92

तुम हमेशा साथ रहो मेरे
दिल के पास रहो मेरे
मौसम बदले चाहे बदले लोग
तुम कभी ना बदलो मेरे लिए
तुम हो तो ये जहां है
तुम्हारे बिना हर जगह तन्हाई है
मेरे साथ चल रहे सफ़र में
हमेशा तेरी याद आई है।

अध्याय93

जाता तुम्हीं तक है
मैं इस सफ़र में अकेला हूं
तुम बस मेरे साथ नहीं हो
दूर के इस सफ़र से और
तुम्हारी मोहब्बत की चाहत से
मैं बहुत दूर हूं अभी
लेकिन तलाश कभी तो पूरी होगी
एक दिन पहुँच ही जाऊंगा
सफ़र को पूरा कर तुम्हारे दिल तक।

अध्याय94

दिल अपना है सबसे न्यारा
जो है सिर्फ तुमको ही प्यारा
इसकी धड़कन पर नाम है तुम्हारा
इसकी भावनाओं के सरगम में सार है तुम्हारा
इसके बजते संगीत में दर्द है तुम्हारा
ये याद तुम्हें करता है, यही आहें भरता हैं
तुम हो बहुत खास तभी तो तुम्हें याद करता है
ये सिर्फ तुमको देखकर ही धड़कता है।

अध्याय95

छोड़ दिया अब उन रास्तों पर चलना
जिन पर, किसी का इंतजार ना हो
खुशी उसी सफ़र तो तय करने पर मिलती है
जिस पर कोई अपना इंतजार कर रहा हो।

अध्याय 96

इस ज़माने के ये दिन इतने वीरान क्यों हैं
ये रातें इतनी बेजान क्यों हैं
सांस यहां लेना इतना भी मुश्किल क्यों है
आँखों में होते हैं, हमेशा आंसू
क्या ये खुदा की कोई मर्जी है।

अध्याय97

सच्ची दोस्ती ख़ुदा का वह अनमोल आशीर्वाद है जिसने स्वयं की शक्ति, प्रेरणा, विश्वास,प्यार, सामर्थ्य, सदभाव आदि का निवास होता है

अध्याय 98

एक ही ईश्वर है, एक ही रब
एक ही ख़ुदा है, एक ही परवरदिगार
हम सब में हौसला एक है
हमारी आत्मा में रहने वाला परमात्मा एक है
हम में भगवान को,अल्लाह को पाने की ज़िद एक है
विनती जब करते है तो सबकी ज़ुबां पर एक ही नाम है
ख़ुदा को पाने का हमारा विश्वास भी एक है
हम ही हिन्दू हम ही मुस्लिम
हम ही सिख हम ही ईसाई
हम सब का परमेश्वर एक है
क्योंकि हम सब भी तो एक ही है।

99. मुझसे आँख क्यों चुराते हो

मुझसे इतना भी दूर क्यों जाते हो
पास आने का मन नहीं
या किसी और से दिल लगाते हो
मुझसे आँख क्यों चुराते हो
मेरे इस दिल को आदत है तुम्हारी
मेरी इन आँखों को तलाश हैं तुम्हारी
साथ तुम्हारे रहना है मुझे
फिर भी मुझसे आँख क्यों चुराते हो
चाहत है तुमसे तभी तो नज़रें बस तुम्हे देखती हैं
तुम पास हो मेरे, इसी विश्वास से तो दिल धड़कता है
तुम साथ हो इसी हौसले से तो सांसें चलती है मेरी
फिर भी तुम मुझसे आँख क्यों चुराते हो।

100. अतीत की सुरंग से

निकला बाहर तो कुछ नहीं पाया
वो बीता हुआ कल था हो
वापस लौटकर नहीं आया
गुजरे हुए कल में और सपनों के भँवर में
छूट गया कोई कोई ख्वाब अपना
दिल रोता है धड़कन कहती है
खुशियां कब दस्तक देंगी इस वर्तमान में
या वापस जाना होगा अपने उस अतीत में
कभी आते हैं वो ख्वाब तो अतीत में
जाने का दिल करता है
अतीत को लाऊ कहा से वो तो बहुत दूर
निकल गया है, ख्वाब सजाऊ कैसे वो तो
अतीत में ही खो गए हैं।

अध्याय 101

वक़्त गुजर जाता है वक़्त के साथ
बीते वक़्त की यादें रह जाती है साथ
उस वक़्त को तो वापस ला नहीं सकते
पर, यादों में वो वक़्त आ ही जाता है वापस
खुशियां भी असीमित हो जाती है तब
जब अपना कोई साथ होता है
खुशियां हो जाती है नाराज़
तो आँखों में आंसू , दिल में गम
इनका ही सहारा होता है ज़िन्दगी में।

102. दुआ है मेरी

रब हो, ख़ुदा हो, भगवान हो, या परमेश्वर हो तुम
मुझे तो लगता है मेरी अंतरात्मा हो तुम
तेरे दर पर झुकता है ये सिर
मन को मिल जाती है शान्ति
दिल को मिल जाता है सुकून
अगर हो जाए कभी तेरे दीदार
तो जुड़ जाएंगे मेरे दिल के टूटे तार
मांगे भी तो तुमसे क्या तुम्हे सब पता है
सुना है,
विनती स्वीकार करते हो दिल की
सुनते भी हो सब के मन की

अध्याय103

मेरा चाँद...
तू सामने है मेरे
तेरी रोशनी से मैं चमकने लगा हूँ।

अब तेरे ही सपने बुनने लगा हूँ
मेरी उन अकेली रातों को भूलने
लगा हूँ, तेरी ही चाँदनी में
घूमने लगा हूँ।

तेरी रोशनी सी फैली इन घटाओं में
फिर से ज़िंदगी जीने लगा हूँ।

तेरे दीदार को मैं तरसता अब तेरी ही
दोस्ती में फिर से जीने लगा हूँ।

104. चाहत है

तुझे चाहकर भी हम, तुझे पा नहीं सकते
सांसों में तेरा नाम लेकर भी
हम तेरी धड़कन नहीं बन सकते
तेरे प्यार का उजाला मुझे रोशनी दे जाता है
मैं चाहे अंधेरे में खोया रहूँ
मुझे नया सवेरा दे जाता है।
दिल चाहकर भी तुझे बोल नहीं पा रहा है।
तू समझ भी नहीं रहा
ये तेरा ही नाम लिए जा रहा है।

105. कैसे बताऊँ

तुमसे दिल को कितनी मोहब्बत है ये कैसे जताऊँ
मेरी साँसों की सरगम को तुझ बिन कैसे सजाऊँ
मेरे ख़्वाबों में नाम तेरा तुझे कैसे बताऊँ
तू पास भी नहीं मेरे, प्यार तुझ संग कितना है
ये कैसे बताऊँ।
मैं खुद चाहकर भी पहचान नहीं पा रहा हूँ
तू अब कितना बदल गया ये मैं कैसे बताऊँ
तुझसे प्यार भी है, पर मैं इस प्यार को कैसे जताऊँ।

106. उसका नाम

बातों की उन मुलाकातों को
याद दिला देता हैं, उसका नाम
हँसी के आँसू, आँखों से
बाहर निकाल देता हैं, उसका नाम
उन लम्हों का विश्वास साथ निभा जाता है
दिल में बेचैनी सा ख़्वाब दे जाता है, उसका नाम
मैं पूछता हूँ खुद से उसका नाम
पर दिल मेरा
बोल नहीं पाता है उसका नाम...।

अध्याय107

काश यूँ होता तू मेरे संग होता
तेरा ये मुस्कुराता चेहरा मेरे सामने होता
मेरे हँसते चेहरे पर तेरा ही एहसास होता
काश यूँ होता।

मेरे नींदों में आए सपनों पर
तेरा ही जिक्र होता
तू मुस्कुराता और मैं अचानक से जाग जाता
काश यूँ होता।

तेरे दिल को भी मुझसे प्यार होता
ये अरमां बार-बार होता
ख़्वाबों की इन चाहतों में बस तेरा ही दीदार होता
काश यू होता।

अध्याय 108

तुझे पाने की चाहत
चाँद को धरती पर लाने की आहत
कभी पूरी नहीं होगी
तू मुझसे दूर रहकर ही
अपना हो पाएगा
बस ये बात मेरा दिल जान जाएगा...।

अध्याय109

तेरी यादों की कश्तियों में डूबी है नाव मेरी
मुकम्मल इश्क़ का किनारा है
तेरी सांसों का आलम है
अब आ भी जाओ मेरे पास
इस समंदर से बडा तो
तेरी बांहों का सागर है।

अध्याय110

तुमने भूला है उस पल को
मैंने फिर भी उसे याद किया है
तुम्हें चाहकर ही तो
हमेशा तुझे याद किया है
हाँ मैं तुमसे बोल ना पाया
ये तुम्हारी ही चाहत थी
जो मैं तुम्हें कभी भूल ना पाया
तेरे साथ के वो लम्हें आज भी याद हैं
तुम फिर से लौट आओ
तुम्हारा ही इंतज़ार है।

111. Love Article

एक एहसास जो महसूस किया जाता है, ये एहसास दो लफ्ज़ों की जुबां होती है, जो आँखों से बया होती है। ख़्वाब बुनते है अल्फाज़ों के, वो तो अरमान बन जाते है। इस विश्वाश के साथ जीना कब चाहत बन जाता है,दिल को पता होता है मगर मन खामोश रहता है। इस चाहत में एक दिल मुस्कुराता है तो दूजा दिल अपने आप समझ जाता है। लाखों उलझनों को सुलझाते हुए खूबसूरत सा ख़्वाब दिल तक पहुँच जाता है। प्यार एक गज़ल सा एहसास है, ये समंदर है दो दिलों के मेल का, इसमे प्रेम रूपी मोती तैर रहा होता है, प्यार एक मजबूत किनारा है, दिल की दहलीज का, इसका एहसास मानो इंद्रधनुष की भांति रंग-बिरंगा है। प्यार में दो दिलों का जुड़ाव है इसमें भावनाएं हैं। ये रिश्ता नाजुक फूलों सा होता है जो सदाबहार होकर महकते रहता है।

प्यार बादलों की छाव जैसा होता है, जिस पर भी बादल बरसने को तरसते है। प्यार में ढाई अक्षर होते है, जिनमें हलचल हलचल सी रहती है, यह हलचल दो दिलों को पहचानने की होती है, यह हलचल दो दिलों को मिलाने की होती है।

मैंने सुना है एक दिल से कही गई बात दूसरे दिल तक पहुँच जाती है। कोई तो कनेक्शन है, जो कि उस संदेश को अपने चाहत वाले दिल तक पहुँचाता है।